Aktivierung to go

55 Bewegungsspiele
für Senior*innen

Susanne Lietz

Verlag an der Ruhr

Impressum

Titel | Aktivierung to go: 55 Bewegungsspiele für Senior*innen

Autorin | Susanne Lietz

Umschlagmotive | Krake: © brgfx – Shutterstock.com;
alle anderen © Verlag an der Ruhr

Illustrationen | wenn nicht anders angegeben © Verlag an der Ruhr

Druck | AZ Druck und Datentechnik GmbH, Kempten, DE

Verlag an der Ruhr
Mülheim an der Ruhr
www.verlagruhr.de

Wichtiger Hinweis

Die Inhalte im Buch sind von der Autorin mit großer Sorgfalt erarbeitet und ausgewählt worden, stellen jedoch keine therapeutischen oder medizinischen Maßnahmen dar. Nehmen Sie dennoch eine genaue Prüfung entsprechend Ihrer Situation vor und wägen verantwortungsvoll ab, welche Übungen Sie mit welchen Personen durchführen. Wenn Unsicherheiten oder bereits bestehende Erkrankungen/Allergien vorliegen, klären Sie die Anwendung mit der Pflegedienstleitung oder dem behandelnden Arzt bzw. der behandelnden Ärztin ab. Die Autorin und der Verlag übernehmen weder für die Aktualität, Korrektheit und Vollständigkeit der bereitgestellten Inhalte eine Gewähr noch dafür, dass diese für Ihren individuellen Einzelfall geeignet und ausreichend sind. Alle Inhalte dienen ausschließlich der Information, ebenso wie deren Durchführung ausschließlich in eigener Verantwortung des Anwenders bzw. der Anwenderin erfolgt.

ISBN 978-3-8346-4547-0

Inhaltsverzeichnis

Einführung **5**

Kreisspiele *6*

1 | Namen klatschen 8

2 | Herzlich willkommen 10

3 | Wie heißt das Tier? 12

4 | Auf den Tisch getrommelt 14

5 | Gut zugehört 16

6 | Servietten-Swing 18

7 | Alles, was fliegen kann 20

8 | Buntes Durcheinander 22

9 | Weitergeben im Kreis . . . 24

10 | Rhythmus auf dem Tisch 26

11 | Feuer, Wasser, Luft und Erde 28

12 | Luftballon – bleib oben! 30

Wurf- und Ballspiele *32*

13 | Ein Sommertag am Meer. 34

14 | Ein Ball macht die Runde 36

15 | Gut festhalten 38

16 | Die Eimer sind das Ziel 40

17 | Becher werfen 42

18 | Karten genau platziert 44

19 | Torwandschießen 46

20 | Wer hat den Ball? 48

21 | Münzen werfen 50

22 | Erst klatschen, dann fangen 52

23 | Ringe werfen 54

24 | Der Ball muss durch den Kreis 56

25 | Drunter und drüber 58

26 | Ballstafette 60
27 | Lust, zu kegeln? 62
28 | Wo fällt der Ball herunter? 64
29 | Berufe suchen 66
30 | Wörter von A bis Z 68

Kopfsportspiele 70

31 | Bewegte Zahlen 72
32 | Bewegungskünstler 74
33 | Wie im Spiegel 76
34 | Schau genau 78
35 | Die richtige Zahl zählt . . . 80
36 | Arme, Hände, Finger 82
37 | Im Garten durch das Jahr 84
38 | Wörter in Silben 86
39 | Klipp, klapp 88
40 | Frühjahrsputz 90
41 | Wortspielereien 92

Spaßspiele 94

42 | Von Löffel zu Löffel 96
43 | Heute hast du Glück 98
44 | Waldspaziergang 100
45 | Gemeinsam fit 102
46 | Welches Sprichwort ist das? 104
47 | Lustige Sprüche 106
48 | Überraschungs-paket 108
49 | Wege sehen, Wege gehen 110
50 | Kräftig drücken 112
51 | Wolle wickeln 114
52 | Fröhlich geklatscht 116
53 | Welche Gruppe gewinnt? 118
54 | In die Luft gemalt 120
55 | Von einer Hand in die andere 122

Geragogische Ziele 124

Einführung

Liebe Betreuungskräfte,

suchen Sie **Ideen für spontane Bewegungsrunden**? Dann liefern Ihnen die **55 Bewegungsspiele für Senior*innen**[1] passende Anregungen.

Zusätzlich erhalten Sie **weiterführende Spielideen** und **Varianten**, gekennzeichnet mit − = leichter und + = schwerer, sodass Sie die Spiele je nach den Ressourcen der Teilnehmenden anpassen können. Falls **Hilfsmittel für die Spiele** gebraucht werden, sind es **Alltagsmaterialien**. Einige Spiele sind mit kurzen Reimen verknüpft, die Sie ggf. zum Ablesen auf eine **Tafel** oder ein **Flipchart** schreiben können.

Am Ende des Buches finden Sie eine Übersicht über die **geragogischen Ziele** der Spiele. Viel Freude an der Bewegung wünscht

Susanne Lietz

[1] Der Verlag an der Ruhr legt großen Wert auf eine geschlechtergerechte und inklusive Sprache. Daher nutzen wir bevorzugt das Gendersternchen, um sowohl männliche und weibliche als auch nichtbinäre Geschlechtsidentitäten einzuschließen. Alternativ verwenden wir neutrale Formulierungen. An einzelnen Stellen in diesem Buch verzichten wir dennoch auf das Gendern. Dies ist eine Einzelfallentscheidung aus didaktischen Gründen und ist in keinem Fall ausschließend oder diskriminierend zu verstehen.

Kreisspiele

1

Namen klatschen

Möglichst viele Mitspielende und Sie als Spielleitung sitzen im Kreis. Während alle einen gleichen Rhythmus klatschen, sagen Sie zur links von Ihnen sitzenden Person: „Hallo, ich bin XY und wer sind Sie?“. Diese erwidert: „Hallo, ich bin XY …“, wendet sich auch nach links und fragt: „… und wer sind Sie?“ So macht es einmal die Runde.

Variante

- Ersetzen Sie die Frage nach den Namen durch andere Themen. Sagen Sie z. B.:
  - „Ich esse gern Eis und was mögen Sie?"
  - „Ich trinke gern Kaffee und was trinken Sie?"
  - „Ich gehe gern spazieren und was machen Sie?"
  - „Ich mag Rock-Musik und was hören Sie?"

TIPP

Geben Sie zuerst einen einfachen Rhythmus vor, in dem während des Frage-und-Antwort-Spiels geklatscht wird. Später kann der Rhythmus je nach Leistungsfähigkeit der Mitspielenden variieren.

2

Herzlich willkommen

Die Namen der Teilnehmenden werden mit Bewegungen verknüpft. Eine Person im Stuhlkreis beginnt, nennt ihren Namen und macht eine selbst ausgedachte Bewegung dazu – sie breitet z. B. die Arme aus oder klatscht 3-mal in die Hände. Die anderen sagen: „Herzlich willkommen, XY!“, und ahmen die entsprechende Bewegung nach. So wird reihum gespielt, bis alle Teilnehmenden einmal an der Reihe waren.

Beispiele für weitere Bewegungen

- auf die Oberschenkel klopfen
- 3-mal mit den Füßen aufstampfen
- die Arme nach oben strecken und winken
- 3-mal über dem Kopf klatschen

Varianten

- Sie als Spielleitung geben je eine Bewegung vor, die von den Teilnehmenden nachgeahmt wird.
- Name und Bewegung der vorherigen Person werden vor dem eigenen Namen und einer ausgedachten Bewegung wiederholt.

Weiterführende Idee

Notieren Sie sich die jeweiligen Namen und Bewegungen. Im Anschluss nennen Sie nacheinander nur die Namen in bunt gemischter Reihenfolge. Die Teilnehmenden erinnern die passenden Bewegungen und machen diese vor.

3

Wie heißt das Tier?

Reihum denkt sich jede teilnehmende Person ein Tier aus dem Zoo aus, das pantomimisch dargestellt wird. Die anderen Teilnehmenden raten. Wer die richtige Lösung nennt, ist danach an der Reihe.

Beispiele für Zootiere

- Pfau *(mit den Armen ein Rad schlagen)*
- Elefant *(einen Rüssel andeuten)*
- Känguru *(den Oberkörper mit angewinkelten Armen auf und ab bewegen)*
- Schlange *(mit beiden Armen schlängeln)*
- Löwe *(die Pranken zeigen)*
- Krokodil *(die ausgestreckten Arme auf und zu klappen)*

TIPP
Nennen Sie bei Bedarf ein Tier.

Variante

- Bei sehr fitten Teilnehmenden können Sie auch Rubriken vorgeben, wie z. B. „Säugetiere“ oder „Tiere aus Afrika“.

Weiterführende Idee

Teilen Sie die Teilnehmenden in zwei Gruppen ein. Jede denkt sich verschiedene Tiere für die andere Gruppe aus. Gegenseitig müssen die Begriffe dargestellt und von der jeweils anderen Gruppe erraten werden. Die erdachten Tiere sollten gruppenintern notiert werden, um sich diese besser merken zu können.

Auf den Tisch getrommelt

Die Teilnehmenden sitzen um einen Tisch herum, sodass alle die Tischplatte gut mit den Händen erreichen können. Sie geben als Spielleitung diverse Kommandos, die dann direkt umgesetzt werden, wie z. B. „mit den Fäusten trommeln" oder „mit den Zeigefingern auf die Tischplatte klopfen".

Beispiele für weitere Kommandos

Trommeln mit:

- den Daumen
- den kleinen Fingern
- den Ellenbogen
- den Fingerknöcheln
- der linken Hand
- der rechten Hand

Variante

- Geben Sie vor, auf welche Art getrommelt werden soll, z. B. laut, leise, vorsichtig, kräftig, wie bei einem Gewitter, wie bei einem leichten Sommerregen.

Weiterführende Idee

Sie können die Teilnehmenden auch mit den Füßen diverse Kommandos ausführen lassen. Dabei sagen Sie Varianten, wie „laut" und „leise", an und geben vor, mit welchen Bereichen der Füße die Mitspielenden auf den Boden klopfen sollen, z. B. mit den Fersen, allen Zehen, den Fußsohlen, nur den großen Zehen. Wechseln Sie die Fußbewegungen mit den Handbewegungen auf dem Tisch ab.

Gut zugehört

Lesen Sie die folgende Geschichte „Tulpenfest“ vor. Die Teilnehmenden müssen genau aufpassen, denn immer wenn von **Tulpen** die Rede ist, sollen beide Arme in die Höhe gestreckt werden. Bei **Tulpenstrauß** winken die Teilnehmenden zusätzlich mit beiden Händen.

Tulpenfest

Am Sonntag findet ein Gemeindefest statt. Es wurden rote und gelbe **Tulpen** zur Dekoration gebastelt. Auf den Tischen stehen Vasen mit bunten **Tulpensträußen**. Es gibt ein Spiel, bei dem man schätzen muss, wie viele **Tulpen**zwiebeln sich in einem großen Glas befinden. Der erste Preis ist ein farbenfroher **Tulpenstrauß**. Auch auf der Wiese hinter der Kirche blühen zahlreiche **Tulpen**, Anemonen und Stiefmütterchen. Ich zähle eine rote **Tulpe**, eine gelbe **Tulpe**, eine rote **Tulpe**, eine gelbe **Tulpe** …

Variante

- Die Teilnehmenden heben bei den gelben Tulpen nur den rechten Arm und bei den roten Tulpen nur den linken Arm.

Weiterführende Idee

Verknüpfen Sie vorab auch andere Blumenarten, wie z. B. Rosen und Nelken, Bäume oder Kräuter mit Bewegungen und bauen Sie diese in die Geschichte ein.

Servietten-Swing

Geben Sie eine Serviette in den Stuhlkreis. Die Teilnehmenden reichen die Serviette so schnell wie möglich rechtsherum weiter. **Doch Achtung:** Sobald Sie „Servietten-Swing" rufen, kreist die Person mit der Serviette in der Hand diese einmal über ihren Kopf. Anschließend gibt sie die Serviette wieder rechtsherum weiter.

Varianten

- Körperlich fitte Teilnehmende spielen im Stehen und drehen sich beim „Servietten-Swing" einmal mit der Serviette im Kreis.
- Nach jedem „Servietten-Swing" gibt es einen Richtungswechsel – die Serviette wird also abwechselnd rechts und links im Kreis herumgereicht.

TIPP

Zu flotter Musik macht der Servietten-Swing gleich doppelt viel Spaß.

Weiterführende Idee

Die Teilnehmenden veranstalten einen Servietten-Stopptanz. Spielen Sie dazu Musik ab. Jede Person erhält eine Serviette, mit der sie zur Musik schwingt. Doch Achtung: Sobald Sie die Musik kurzzeitig unterbrechen, müssen alle Teilnehmenden augenblicklich in ihrer Bewegung „einfrieren", bis die Musik wieder angeht.

Alles, was fliegen kann

Die Teilnehmenden sitzen im Stuhlkreis. Die Hände trommeln leicht auf den Oberschenkeln. Als Spielleitung geben Sie einzelne Begriffe vor. Bei Gegenständen oder Tieren, die fliegen können, strecken die Mitspielenden die Arme nach oben. Kann etwas nicht fliegen, werden die Arme neben dem Körper hängen gelassen. Zwischenzeitlich landen die Hände immer wieder auf den Oberschenkeln und trommeln.

Beispiele für fliegende Gegenstände

Flugzeug, Hubschrauber, Drachen, Düsenjäger, Frisbee, Pfeil

Beispiele für fliegende Tiere

Storch, Amsel, Biene, Wespe, Schmetterling, Libelle, Mücke, Spatz, Adler

Varianten

- – Nennen Sie als Flugobjekte nur einheimische Vögel, wie z. B. Bachstelze, Meise, Fink, Kuckuck.
- + Die Person, die zuerst fälschlicherweise die Hände hebt, gibt in der nächsten Runde die Begriffe vor.

Buntes Durcheinander

Dieses Spiel wird im Stuhlkreis mit ca. zwölf Teilnehmenden gespielt. Weisen Sie jeder teilnehmenden Person eine Farbe zu, wobei Sie die Farben gleichmäßig auf die Teilnehmenden verteilen. Bei zwölf Mitspielenden bekommen z.B. je drei Personen die gleiche Farbe, z.B. Rot, Blau, Gelb und Grün.
Geben Sie dann Bewegungen vor, wie „Rot und Grün tauschen den Sitzplatz!“, „Blau winkt!“ oder „Gelb klatscht in die Hände!“

Beispiele für weitere Bewegungen

- Blau streckt das rechte Bein nach vorn.
- Grün hebt den linken Arm.
- Rot tippt der Person rechts neben sich auf die Schulter.
- Gelb faltet die Hände.

Varianten

- Geben Sie kognitiv eingeschränkten Teilnehmenden eine Karte, entsprechend der zugeteilten Farbe, oder das aufgeschriebene Farbwort als Merkzettel in die Hand.
- Körperlich fitte Teilnehmende können die Bewegungselemente auch im Stehen ausführen. Dazu ergänzende Beispiele für Bewegungselemente sind:
  - Rot stellt sich vor Blau.
  - Gelb geht durch den Stuhlkreis und wechselt den Sitzplatz.
  - Grün geht einmal um den Stuhlkreis herum und kehrt zurück zum eigenen Platz.

Weitergeben im Kreis

Die Teilnehmenden sitzen nebeneinander im Stuhlkreis, sodass sie einen Ball oder einen anderen Gegenstand, wie z. B. ein Päckchen Papiertaschentücher oder ein Sandsäckchen, gut in der Runde weiterreichen können. Dabei geben Sie als Spielleitung die Richtung vor und sagen an, wie der Ball weitergegeben werden soll.

Beispiele für die Weitergabe

- Ball mit der linken Hand nehmen, in die eigene rechte Hand wechseln und nach rechts weitergeben
- Ball mit der rechten Hand nehmen, in die eigene linke Hand wechseln und nach links weitergeben
- Ball mit der linken Hand nehmen und in die linke Hand der Person rechts neben sich geben
- Ball mit der rechten Hand nehmen und in die rechte Hand der Person links neben sich geben

Varianten

- Kognitiv eingeschränkte Personen sind oft schon ausreichend gefordert, wenn sie den Ball nach rechts oder links weitergeben.
- Die Teilnehmenden schlagen eigene Spielideen vor, wie der Ball im Kreis weitergegeben werden soll. Wer patzt, startet mit einer neuen Runde und einer neuen Bewegung.

10

Rhythmus auf dem Tisch

Die Teilnehmenden sitzen im Kreis an einem Tisch und bekommen jeweils einen Becher in jede Hand. Mit diesen wird ein Rhythmus, den Sie als Spielleitung vorgeben, auf die Tischplatte geklopft. Die Gruppe soll die rhythmischen Elemente möglichst gleichzeitig ausführen, sodass eine Melodie entsteht.
Wenn das gut klappt, überlegen sich die Teilnehmenden eigene Rhythmen, die sie vorgeben.

Beispiele für Rhythmuselemente

- abwechselnd mit den Bechern in der linken und rechten Hand auf die Tischplatte klopfen
- 2-mal mit beiden Bechern gleichzeitig auf die Tischplatte klopfen

- 3-mal mit beiden Bechern gleichzeitig auf die Tischplatte klopfen; 2-mal mit dem linken Becher klopfen; 2-mal mit dem rechten Becher klopfen; wieder 3-mal mit beiden Bechern gleichzeitig klopfen
- 5-mal schnell mit den Bechern klopfen und die Sequenz 3-mal wiederholen

Variante

- Nach einer kompletten Sequenz werden beide Becher im Kreis zügig nach rechts oder links weitergegeben und die Sequenz wiederholt.

TIPPS

- *Wenn Teilnehmende empfindlich auf das laute Geräusch der Becher reagieren, klopfen sie mit den Händen.*
- *Die Becher lassen sich auch durch leere Toilettenpapierrollen, Tennis- oder kleinere Softbälle ersetzen.*

Feuer, Wasser, Luft und Erde

Benennen Sie die vier Elemente (1. Feuer, 2. Wasser, 3. Luft, 4. Erde) und zeigen Sie dazu je eine passende Bewegung. Zählen Sie die Teilnehmenden im Stuhlkreis reihum von eins bis vier durch und ordnen Sie ihnen die Elemente entsprechend zu.
Machen Sie nun je eine der vier Bewegungen vor, ohne das jeweilige Element zu benennen. Nun ahmen nur die Personen mit dem entsprechenden Element die Bewegung nach.

Beispiele für Bewegungen

- **Feuer:** Alle Finger auf Brusthöhe schnell hin und her bewegen.
- **Wasser:** Die Arme wellenförmig bewegen.
- **Luft:** Die Arme nach oben strecken und den Oberkörper nach links und rechts bewegen.
- **Erde:** Mit den Händen an den Beinen entlang nach unten wandern.

Varianten

- Benennen Sie das Element und machen Sie die Bewegung vor.
- Nennen Sie das jeweilige Element, zu dem die Teilnehmenden die entsprechende Bewegung erinnern und ausführen.

Weiterführende Idee

Sie können noch weitere Elemente dazunehmen, wie z. B. „Holz“, „Metall“ oder „Stein“. Zählen Sie die Teilnehmenden, entsprechend der Anzahl der Elemente, durch und bringen Sie somit zusätzliche Bewegungen ins Spiel.

12

Luftballon – bleib oben!

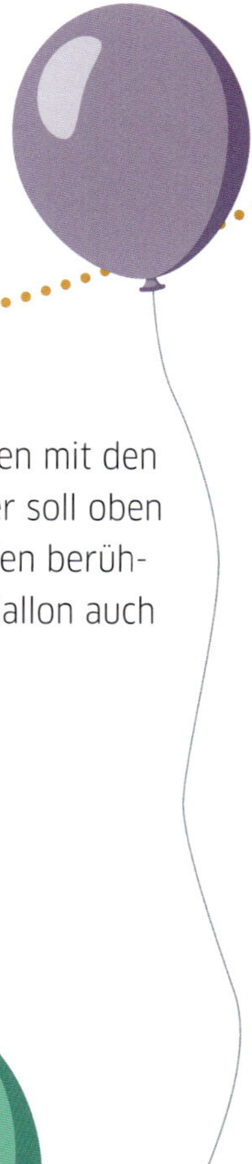

Die Teilnehmenden sitzen im Kreis und schlagen mit den Händen einen Luftballon durch die Luft. Dieser soll oben gehalten werden und möglichst nicht den Boden berühren. Notfalls können die Teilnehmenden den Ballon auch fangen und erneut in den Kreis schlagen.

Varianten

- Eine teilnehmende Person schlägt einer anderen den Luftballon zu. Dieser wird zunächst mit den Händen festgehalten und erst dann zur nächsten Person geschlagen.
- Die Teilnehmenden benutzen nicht die Hände, sondern die Füße, um den Ballon in der Luft zu halten.

Weiterführende Idee

Anstelle von Händen und Füßen können auch Gegenstände als Schläger verwendet werden. Dazu eignen sich leere Küchenpapierrollen, Pappteller, Kochlöffel, leere Kunststoffwasserflaschen oder größere Kunststoffdeckel, neue Eierkartons sowie Federball- oder Tischtennisschläger. Die Teilnehmenden sollten dabei weit genug auseinandersitzen.

Wurf- und Ballspiele

13

Ein Sommertag am Meer

Dieses Spiel kombiniert Denken und Bewegen. Geben Sie den Mitspielenden eine kurze Einleitung zum Thema. Wiederholen Sie gemeinsam folgenden Spruch, zu dem die Teilnehmenden einen Ball hin und her werfen:

Am Strand stehen wir im Kreis zusammen
und alle versuchen, den Ball zu fangen.
Nach links und rechts und kreuz und quer,
der Ball fliegt munter hin und her.

Varianten

- Kognitiv eingeschränkten Personen fällt es leichter, erst zu sprechen und dann zu werfen.
- Körperlich fitte Teilnehmende können den Ball im Stehen hin- und herwerfen, während sie zusätzlich auf der Stelle marschieren.

TIPP

Passen Sie das Spiel an die Fähigkeiten der Mitspielenden an:

- *Je größer der Teilnehmerkreis, desto weiter muss der Ball geworfen werden.*
- *Verschiedene Ballgrößen sind je nach Leistungsfähigkeit möglich, wie ein Wasser-, Tennis- oder kleiner Gymnastikball.*
- *Ein großer Gymnastikball kann auch mit den Füßen durch den Kreis befördert werden.*

14

Ein Ball macht die Runde

Eine Person im Stuhlkreis beginnt und gibt einen kleinen Gymnastikball auf eine bestimmte Art weiter, z. B. vor dem Bauch, hinter den Beinen oder über dem Kopf, bis er bei dem*der jeweiligen Teilnehmenden wieder ankommt. Dabei geben Sie als Spielleitung vor, ob die jeweilige Bewegung möglichst schnell oder ganz langsam ausgeführt wird.
In jeder neuen Runde beginnt eine andere Person und gibt eine neue Bewegung vor.

Beispiele für andere Gegenstände

zusammengelegtes Paar Socken, ein Päckchen Papiertaschentücher, ein Trinkbecher, ein Sandsäckchen, eine kleine Wasserflasche aus Kunststoff, ein Tennisball, ein Schaumstofffwürfel

Varianten

- – Sagen Sie die auszuführenden Bewegungen an und machen Sie diese langsam und gut nachvollziehbar vor.
- + Wer von den Teilnehmenden die jeweilige Bewegung vorgibt, sagt auch, ob diese schnell oder langsam ausgeführt wird.

Weiterführende Idee

Je nach Teilnehmerzahl können zwei Stuhlkreise oder zwei Reihen im Wettstreit gegeneinander antreten. Von Ihnen als Spielleitung vorgegebene Bewegungen werden möglichst schnell nacheinander ausgeführt. Die Teilnehmergruppe, die zuerst fertig ist, gewinnt.

15

Gut festhalten

Die Teilnehmenden sitzen möglichst dicht beieinander um einen Tisch herum und halten sich an den Händen. Ein kleiner Gymnastikball wird über die Tischplatte gerollt und soll möglichst nicht herunterfallen. Die Teilnehmenden dürfen die Hände nicht lösen. An der Stelle, wo der Ball doch herunterfällt, wird neu begonnen.

Beispiele für andere Bälle

Alternativ eignen sich kleinere und größere Bälle, wie z. B. ein Tennis- oder Wasserball, oder ein Luftballon.

Varianten

- Ein Wasserball lässt sich leicht über den Tisch rollen. Zudem belastet dieser die Arme und Schultern der Teilnehmenden nicht mit zu viel Gewicht.
+ Je kleiner der Ball, desto schwieriger ist es, diesen auf dem Tisch zu halten.

Weiterführende Idee

Im Stuhlkreis und ohne Tisch kann bei diesem Spiel ein **Schwungtuch** verwendet werden. Die Teilnehmenden sitzen eng zusammen und halten das große Tuch fest, sodass es gespannt ist. Alle versuchen gemeinsam, einen Ball mit wellenförmigen Bewegungen über das Schwungtuch zu bewegen und diesen über den Rand zu werfen.

16

Die Eimer sind das Ziel

Stellen Sie drei bis fünf Eimer oder andere Behälter in unterschiedlichen Abständen von einer Startlinie entfernt auf. Vergeben Sie Punktzahlen für jedes Behältnis – je weiter entfernt, desto höher. Die Teilnehmenden versuchen, mit einem Ball in je drei Würfen eine möglichst hohe Punktzahl zu erreichen. Schreiben Sie die erreichten Punkte der Teilnehmenden auf und machen Sie am Ende eine kleine Siegerehrung.

Beispiele

- **Behälter:** Eimer jeglicher Art, gereinigte Papierkörbe, Rührschüsseln, Küchensiebe, Messbecher, saubere Blumentöpfe aus Kunststoff, weit aufgespannte Einkaufstaschen
- **Bälle:** Tischtennis-, Tennis-, Soft- oder ähnlich große Bälle, Walnüsse

Varianten

- Bei kognitiv sehr eingeschränkten Personen stellen Sie die ausreichend großen Zielbehälter nicht zu weit entfernt auf. Es bieten sich auch flachere, auf einem Tisch platzierte Gefäße an, die beim Werfen leichter zu erreichen sind.
+ Je kleiner der Behälter im Verhältnis zum Ball, desto schwieriger ist es, den Ball hineinzuwerfen.

Weiterführende Idee

Gestalten Sie dieses Spiel als Wettbewerb, indem zwei Gruppen gegeneinander antreten. Die Gruppe mit der insgesamt höheren Punktzahl gewinnt.

Becher werfen

Stellen Sie sechs Trinkbecher aus Kunststoff oder Pappe auf einem Tisch pyramidenförmig auf. Es stehen drei Becher in der untersten Reihe, darüber zwei und oben der letzte Becher. Geben Sie den Teilnehmenden Bälle in die Hand, die gut zu greifen sind, um den Becherstapel umzuwerfen. Legen Sie die Anzahl der Würfe fest und notieren Sie evtl. die erzielten Ergebnisse. Für jeden Becher, der nicht mehr steht, gibt es einen Punkt.

TIPP

Berücksichtigen Sie als Spielleitung die körperlichen Fähigkeiten der Teilnehmenden. Anstelle von Trinkbechern eignen sich auch Blumentöpfe aus Kunststoff, leere Toilettenpapierrollen, leere Konservendosen oder gereinigte Joghurtbecher. Aufgestellte Konservendosen erfordern mehr Kraft beim Umwerfen.

Varianten

- – Die Teilnehmenden werfen aus kürzerer Distanz.
- + Spielen Sie mit zehn oder 15 Bechern. Der Aufbau ist bei zehn Bechern: 4 – 3 – 2 – 1. Bei 15 Bechern: 5 – 4 – 3 – 2 – 1.

Weiterführende Idee

Dieses Spiel lässt sich gut bei Feiern, z. B. bei einem Sommerfest, einsetzen. Planen Sie eine Art Jahrmarkt mit verschiedenen Ständen, wie dem Spiel „16. Die Eimer sind das Ziel“ und dem Spiel „21. Münzen werfen“.

18

Karten genau platziert

Stellen Sie fünf größere Eimer nebeneinander vor einer Wand auf. Die Teilnehmenden versuchen, von einer festgelegten Linie aus insgesamt acht Spielkarten, z. B. aus einem handelsüblichen Skatspiel, in die Eimer zu werfen. Pro Karte, die in einem Eimer landet, erhalten die Teilnehmenden einen Punkt.

Beispiele für weitere Behälter

große Blumentöpfe, leere Papierkörbe, Rührschüsseln, Messbecher, Saftkrüge

Varianten

- Für Teilnehmende mit kognitiven oder motorischen Einschränkungen eignen sich große, flache Behälter, wie z. B. Auflaufformen, unbenutzte Eierpappen oder Tabletts. Diese lassen sich auch auf einem Tisch platzieren. Alternativ nutzen Sie eine Wand als Ziel.
- Je kleiner die Behälter sind, desto schwieriger ist es, diese zu treffen.
- Nummerieren Sie die Eimer mit Punkten. Je schwieriger die Eimer zu erreichen sind, desto höher die Punktzahl.

Weiterführende Idee

Bei diesem Spiel lassen sich leichtere und schwierigere Ziele kombinieren. Bauen Sie mehrere, unterschiedlich hohe und flache Behälter auf und versehen Sie diese mit Punktzahlen. Gestalten Sie einen Wettbewerb mit Siegerehrung.

19

Torwandschießen

Schneiden Sie für eine Torwand in ein großes Stück Pappe oder ein großes, altes Bettlaken zwei bis drei großzügige Löcher auf verschiedener Höhe, sodass ein Ball gut hindurchpasst. Befestigen Sie die „Torwand“ zwischen zwei Bäumen oder in einem breiten Türrahmen bei geöffneter Tür.
Nun kann der Fußballspaß im Sitzen oder Stehen losgehen!

TIPPS

- *Fitte Senior*innen versuchen, Löcher im oberen Torwandbereich zu erreichen.*
- *Für sitzende Teilnehmende sollten in der Torwand unbedingt Löcher knapp über dem Boden vorhanden sein, durch die der Ball geschossen, aber auch gerollt werden kann.*
- *Bei diesem Spiel erinnern sich einige Teilnehmende vielleicht an Sportsendungen, wie z. B. das „Aktuelle Sportstudio" des ZDF. Lassen Sie Erinnerungsgespräche zu.*

Weiterführende Idee

Veranstalten Sie einen Bewegungs-Nachmittag. Dazu bieten Sie mehrere Spiele als Stationen an. Schreiben Sie erreichte Punktzahlen auf und feiern Sie zum Abschluss eine Siegerehrung. Neben „Torwandschießen" eignen sich folgende Spiele: „16. Die Eimer sind das Ziel", „17. Becher werfen", „18. Karten genau platziert", „21. Münzen werfen", „23. Ringe werfen", „25. Drunter und drüber", „26. Ballstafette."

20

Wer hat den Ball?

Ordnen Sie der Reihe nach allen Mitspielenden im Stuhlkreis eine Zahl zu. Fangen Sie bei der Eins an. Hierbei merken sich die Teilnehmenden, wer welche Zahl bekommen hat.
Die Person mit der Zahl Eins beginnt und sagt: „Ich habe den Ball nicht mehr, die Vier hat ihn." Sie wirft den Ball zur Person mit der Zahl Vier. Diese sagt den gleichen Spruch mit einer anderen Zahl auf und wirft den Ball weiter.

Varianten

- Schreiben Sie die einzelnen Zahlen gut lesbar auf Pappschilder und ordnen Sie diese im Kreis den entsprechenden Personen zu.
+ Verbinden Sie die jeweilige Zahl mit dem Namen der teilnehmenden Person. So müssen Zahl und Name kombiniert genannt werden.

Weiterführende Idee

Setzen Sie als Spielleitung sich mit in den Kreis. Bei einem Fehler, wie die falsche Zahl einer Person zu nennen oder Ihnen als Spielleitung den Ball zuzuwerfen, darf die jeweilige Person den Ball nur noch mit einer Hand werfen (oder nur noch mit einer Hand fangen oder muss den Ball vor dem Werfen einmal prellen.) Nach drei Fehlern scheidet sie aus, bleibt aber im Kreis sitzen. Das macht es für alle anderen schwerer, da dieser Person der Ball nicht mehr zugespielt werden darf.

Münzen werfen

Hier gilt es, Münzen in aufgestellte Behälter zu werfen. Legen Sie Eimer oder ähnliche Behälter mit der Öffnung nach vorn in verschiedenen Höhen bereit, z. B. unter einen Tisch, auf die Tischplatte und auf danebenstehende Stühle. Die Teilnehmenden versuchen, mit einigen Münzen die Ziele von einer festgelegten Linie aus zu treffen.

TIPPS

- *Das Spiel kann sehr gut draußen gespielt werden. Suchen Sie im Garten vorhandene Ziele, wie Baumstümpfe, einzelne Platten auf einem Fußweg, Gartenstühle oder -tische.*
- *Anstelle von Münzen können Sie Knöpfe verwenden.*

Beispiele für Ziele

Eimer, Messbecher, Marmeladenglas, Teller, unbenutzte Eierpappe, Kaffeebecher, einzelner Zettel, Tischset, Schüssel, Muffinförmchen, mit Kreide aufgemalter Kreis, Kuhle im Erdboden

Varianten

- – Im Sitzen lassen sich auf dem Boden stehende oder niedrig aufgehängte, größere Behälter am besten treffen. Motorisch eingeschränkte Teilnehmende nutzen Beanbags oder kleinere Sandsäckchen zum Werfen.
- + Es ist schwerer, in höhere Ziele zu treffen, wie im Baum aufgehängte Eimer.

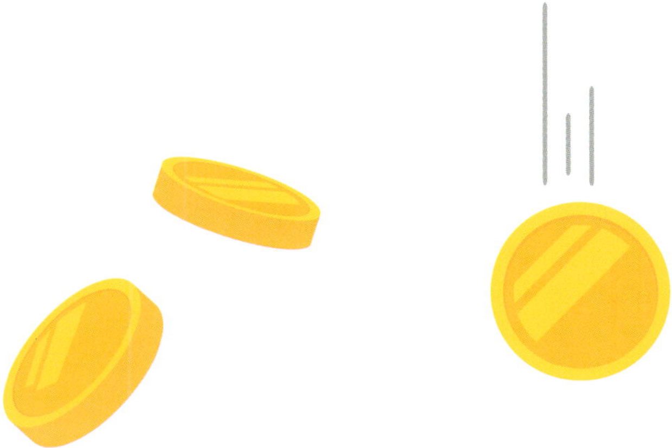

22

Erst klatschen, dann fangen

Im Sitz- oder auch Stehkreis werfen sich die Teilnehmenden einen Ball zu. Dabei gilt es, erst in die Hände zu klatschen, bevor der Ball gefangen wird. Jede teilnehmende Person muss also aufpassen, ob der Ball zu ihr fliegt, und rechtzeitig klatschen.

Varianten

- ~ Werfen Sie den Ball. Sprechen Sie die teilnehmende Person, die den Ball fangen soll, mit Namen an und geben ihr ausreichend Zeit zum Klatschen.
- + Lassen Sie die Teilnehmenden vor dem Fangen 2- oder 3-mal in die Hände klatschen.

Weiterführende Idee

Anstelle des Klatschens lassen sich auch andere Aktionen vereinbaren, wie z. B.

- mit dem Fuß aufstampfen,
- die Arme nach oben strecken,
- auf die Oberschenkel klopfen.

Genauso lässt sich der Ball

- einmal auf dem Boden aufprellen,
- nur mit einer Hand werfen,
- nur mit einer Hand fangen.

Ringe werfen

Für dieses Spiel stellen Sie sechs volle Wasserflaschen aus Kunststoff, im Dreieck angeordnet, als Ziele auf den Boden: drei Flaschen in der vordersten Reihe, entsprechend zwei und eine dahinter. Markieren Sie eine Wurflinie, von der aus die Teilnehmenden im Sitzen oder im Stehen versuchen, Ringe auf die Flaschen zu werfen. Legen Sie vorab die Versuche fest und notieren Sie evtl. die Anzahl der getroffenen Flaschen.

Beispiele für Ringe

- Gymnastikringe
- Pappteller (mit herausgeschnittenem Boden)
- frische, dünne, ineinander verschlungene Zweige
- Garten- oder anderer Schlauch (großzügig an den Enden mit Klebeband zusammengeklebt)

TIPPS

- *Die Ringe aus den Zweigen behalten auch in getrocknetem Zustand ihre Form und lassen sich aufbewahren.*
- *Stecken Sie im Freien anstelle von Wasserflaschen Äste als Ziele in die Erde.*
- *Papprollen von Küchenpapier werden in mit Sand gefüllten Gläsern oder Blumentöpfen zu standfesten Zielen.*

Weiterführende Idee

Dieses Spiel lässt sich auch als Wettbewerb mit Siegerehrung gestalten. Sie können für die Flaschen in der vorderen Reihe je fünf Punkte, in der zweiten Reihe je zehn Punkte und für die Flasche in der dritten Reihe 15 Punkte vergeben.

24

Der Ball muss durch den Kreis

Markieren Sie innerhalb eines Stuhlkreises einen mittleren Kreis, z. B. durch Klebeband oder Kreide. Eine mobile Person begibt sich in die Mitte dieses Kreises.
Die anderen Teilnehmenden bekommen einen weichen Ball, den sie sich zurollen oder zuwerfen. Die Person in der Mitte darf sich nur im markierten, inneren Kreis bewegen und versucht, den Ball zu fangen.
Sobald die Person den Ball gefangen hat, geht eine andere Person in die Mitte.

Varianten

- Stehen Sie selbst in der Mitte. Geben Sie jedes Mal eine Art vor, wie der Ball durch den Kreis befördert werden soll, z. B. durch Werfen, Rollen oder einmaliges Aufprellen. Fordern Sie die Teilnehmenden ggf. immer wieder dazu auf.
+ Alle Teilnehmenden stehen im Kreis und werfen sich den Ball zu. Der Ball soll nur mit einer Hand geworfen und möglichst auch gefangen werden. Noch schwieriger wird es z. B. mit einem Tennisball. Bekommt die Person in der Mitte den Ball, übernimmt, wer zuletzt geworfen hat, diesen Platz.

Weiterführende Idee

Ist der Kreis der Teilnehmenden groß, können Sie zwei Bälle ins Spiel bringen und entsprechend zwei Personen in die Mitte stellen, die versuchen, einen der Bälle zu fangen.

25

Drunter und drüber

Stellen Sie im Haus oder im Freigelände Stühle, Hocker, Tische, Gemüsekisten, Kartons und ähnliche Dinge auf, sodass die Teilnehmenden mit einem Ball in der Größe eines Fußballs dort durch oder obendrüber schießen können. Legen Sie fest, wie viele Versuche jede Person hat, und notieren Sie die Trefferquote.

Variante

- Gestalten Sie im Freien einen Parcours, den Teilnehmende, die gut zu Fuß sind, ablaufen. An jeder Station gilt es, einen Ball nach Vorgabe zu platzieren oder zu schießen. Mal soll der Ball unter ein Hindernis hindurch, mal obendrüber geschossen oder z. B. auf einem Gartenstuhl platziert werden.

Weiterführende Idee

Veranstalten Sie einen Kickernachmittag oder -abend für Fußballbegeisterte. Bieten Sie neben diesem Spiel z. B „19. Torwandschießen" an, ehren Sie den*die Sieger*in bei einer Pokal-Verleihung und fiebern Sie bei einem gemeinsamen Fußball-Fernseherlebnis mit. Planen Sie die Veranstaltung z. B. in Verbindung mit einer Fußball-Europameisterschaft oder einem DFB-Pokal-Finale. Organisieren Sie Fan-Artikel, wie Vereins- und Deutschlandflaggen, Tischdekoration, Getränke und Knabbereien. Regen Sie zu Gesprächen an und lassen Sie die Teilnehmenden in Erinnerungen schwelgen.

26

Ballstafette

Bilden Sie mit den Teilnehmenden je zwei gleich lange Reihen von etwa sechs bis zwölf Personen, die mit ausreichend Abstand nebeneinandersitzen. Jede Reihe bekommt einen Ball. Dieser soll auf vorgegebene Art und Weise und möglichst schnell durch die Reihe gereicht werden. Geben Sie vor, wie oft der Ball hin- und hergegeben wird. Die Reihe, die am schnellsten ist, gewinnt.

Beispiele für die Weitergabe des Balls

- vor der Brust
- vor dem Bauch
- über dem Kopf
- nur mit der linken Hand
- nur mit der rechten Hand
- vor den Schienbeinen
- hinter den Waden
- über dem Kopf von einer Hand in die andere wechselnd

Varianten

- Spielen Sie ohne Wettbewerbsanspruch. Die Mitspielenden sollen den Ball nur auf unterschiedliche Art weitergeben.
- Die Stafette wird im Stehen ausgeführt. Dann lässt sich der Ball z. B. auch noch hinter dem Rücken oder zwischen den Beinen hindurch weitergeben.

27

Lust, zu kegeln?

Für eine provisorische Kegelbahn stellen Sie bis zu neun, mit etwas Wasser gefüllte 1-Liter-Kunststoffflaschen rautenförmig auf – z. B. am Ende eines Flures oder im Freien auf ebener Fläche. Legen Sie eine Entfernung fest, von der aus die Mitspielenden versuchen, die Flaschen mit kleinen Gymnastikbällen bzw. Boccia- oder Boule-Kugeln zu treffen. Bei je drei Versuchen notieren Sie pro umgefallener Flasche einen Punkt.

TIPPS

- *Die Teilnehmenden können auch in Gruppen gegeneinander antreten und die Punkte addiert werden.*
- *Mobile Teilnehmende kegeln im Stehen.*
- *Körperlich eingeschränkte Teilnehmende kegeln aus geringerer Entfernung.*

Weiterführende Idee

Boule und Boccia ähneln dem Kegeln. Einige Senior*innen erinnern sich bestimmt noch an diese Spiele. Veranstalten Sie draußen einen Boccia- oder Boule-Nachmittag!
Zunächst wird eine kleine Kugel geworfen, die das Ziel bildet. Nun wird von den Teilnehmenden je eine große Kugel von einer zuvor festgelegten Linie möglichst nah an die Ziel-Kugel geworfen. Wer die eigene Kugel mit geringster Entfernung zu der Ziel-Kugel wirft, gewinnt die Runde.
Bieten Sie noch andere Spiele an, die z. B. von früheren Strandurlauben bekannt sind, wie etwa Federball, Frisbee, Indiaca oder Softball-Tennis.

28

Wo fällt der Ball herunter?

Die Teilnehmenden sitzen mit etwas Abstand um einen Tisch herum. Alle rollen einen Ball möglichst schnell kreuz und quer über den Tisch und versuchen, diesen an einer Stelle über die Tischkante zu schubsen. Doch aufgepasst! Das probieren alle anderen zu verhindern.

TIPPS

- *Besonders geeignet sind ein kleiner Gymnastikball oder ein Softball.*
- *Je kleiner der Ball (z. B. ein Flummi, Tennis-, Squash- oder Tischtennisball), desto schwieriger ist dieser auf dem Tisch zu halten.*
- *Zu große Bälle sind ungeeignet, da sie die Teilnehmenden im Gesicht treffen könnten.*

Variante

- Fällt der Ball **zum ersten Mal** bei einer Person herunter, darf diese nur noch mit der rechten Hand mitspielen. Fällt der Ball **zum zweiten Mal** bei einer Person herunter, darf sie nur noch mit der linken Hand mitspielen. Fällt der Ball **zum dritten Mal** herunter, scheidet sie aus. Mitspielende, die ausgeschieden sind, setzen sich etwas abseits vom Tisch hin. So werden die Lücken zwischen den einzelnen Plätzen größer und es wird den anderen Teilnehmenden erschwert, den Ball am Herunterfallen zu hindern. Wer zuletzt noch am Tisch sitzt, hat gewonnen.

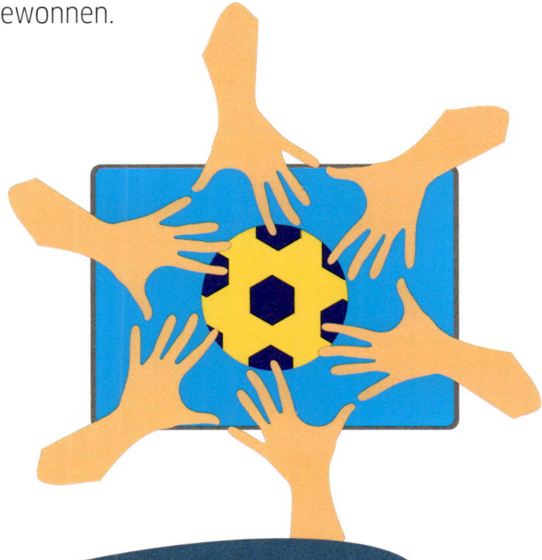

Berufe suchen

Die Teilnehmenden sitzen im Kreis. Ein Ball zeigt jeweils an, wer als Nächstes an der Reihe ist. Beginnen Sie als Spielleitung: Nennen Sie einen Beruf und machen Sie dazu eine passende Handbewegung, z. B. Teig ausrollen („Bäcker*in"). Werfen Sie den Ball einer anderen Person zu, die der Gruppe ebenfalls einen Beruf und eine passende Handbewegung präsentiert. So machen Ball und Berufe die Runde.

Beispiele für Berufe

Blumen gießen (Gärtner*in), Haare schneiden (Friseur*in), Briefe einwerfen (Briefträger*in), ein Bild malen (Künstler*in), nähen (Schneider*in) ...

Varianten

- Helfen Sie, indem Sie einen Beruf und eine entsprechende Handbewegung vorgeben.
- Die Person, die an der Reihe ist, macht eine oder mehrere typische Tätigkeiten für einen Beruf vor. Die anderen Teilnehmenden müssen den dazugehörigen Beruf erraten.

TIPP

Gehen Sie bei der Hilfestellung umsichtig vor. Bei zu schnellem Vorsagen könnten sich Teilnehmende bloßgestellt fühlen.

Wörter von A bis Z

Bilden Sie einen Stuhlkreis, in dem sich die Mitspielenden einen Ball zuwerfen können. Zu je einer Rubrik, wie „Vornamen", „Obst und Gemüse" oder „Städte", wird in der Reihenfolge des Alphabets nach passenden Begriffen gesucht. Wer ein Wort zu einer Rubrik genannt hat, wirft den Ball einer anderen teilnehmenden Person zu.

Varianten

- Machen Sie Vorgaben zu einzelnen Buchstaben, wie z. B. **„eine Frucht mit A"** oder **„ein Beruf mit B"**. Jede teilnehmende Person sollte genug Zeit haben, ein passendes Wort zu finden.
- Mischen Sie die Rubriken. Die erste Person nennt z. B. einen **Vornamen mit A**, die nächste eine **Obstsorte mit B**, die nächste eine **Stadt mit C**, die nächste eine **Gemüsesorte mit D**, die nächste ein **Kleidungsstück mit E** usw. Der Ball soll möglichst schnell weitergeworfen werden.

© alyaromalya | Shutterstock.com

Kopfsportspiele

Bewegte Zahlen

Denken Sie sich zusammen mit den Teilnehmenden Bewegungselemente zu den Zahlen von eins bis sechs aus oder geben Sie die Bewegungen vor. Es wird reihum im Stuhlkreis mit einem Schaumstoffwürfel gewürfelt oder der Würfel kreuz und quer geworfen. Zur gewürfelten Zahl wird die entsprechende Bewegung gemeinsam ausgeführt. Notieren Sie die Bewegungen ggf. an einem **Flipchart** oder einer **Tafel**.

Beispiele für Bewegungen

- ⚀ in die Hände klatschen
- ⚁ mit den Füßen auf der Stelle gehen
- ⚂ mit beiden Händen winken
- ⚃ linkes Bein nach vorn strecken
- ⚄ nach links und rechts schauen
- ⚅ mit dem rechten Fuß kreisen

Variante

- Bringen Sie zwei Würfel ins Spiel. So ergeben sich noch mehr Möglichkeiten für gewürfelte Zahlen von eins bis zwölf und dazu erdachte Bewegungselemente.

TIPP

Sie haben keinen Schaumstoffwürfel zur Hand?

- *Schreiben Sie Zahlen und Bewegungselemente von eins bis sechs (oder höher) auf ein Flipchart oder eine Tafel und lassen Sie die Teilnehmenden je eine Zahl auswählen.*
- *Nutzen Sie einen kleinen Würfel, mit dem auf einem Tisch oder Tablett gewürfelt wird.*

32

Bewegungskünstler

Dieses Spiel fordert die Rechts-Links-Koordination der Teilnehmenden und schult Bewegungen über die Körpermitte. Geben Sie einzelne Bewegungselemente vor, die alle im offenen Stuhlkreis gleichzeitig mit mehreren Wiederholungen ausüben.

Beispiele für Bewegungselemente

- die linke Hand auf die rechte Schulter legen, dazu das linke Bein ausstrecken (auch umgekehrt)
- die linke Hand auf die linke Schulter der rechts sitzenden Person legen (auch umgekehrt)
- Hände abwechselnd über Kreuz auf die Beine legen
- den linken Arm zur Seite strecken und den rechten nach vorn (auch umgekehrt)
- die Füße überkreuzen und mit dem linken Zeigefinger an die Nasenspitze tippen (Fußposition und Zeigefinger wechseln)
- vor dem Körper eine liegende Acht in die Luft malen
- die Arme vor dem Körper überkreuzen und beidseitig die Hände der links und rechts sitzenden Mitspielenden greifen (Position der Arme wechseln)

Variante

- Sehr fitte Teilnehmende können manche Bewegungen im Sitzen oder Stehen mit geschlossenen Augen ausführen.

33

Wie im Spiegel

Jeweils zwei teilnehmende Personen sitzen sich gegenüber. Jede Person macht im Wechsel eine Bewegung vor, die die andere nachahmt. Das Ziel ist es, wie bei einem Spiegelbild die Bewegungen gleichzeitig auszuüben.

TIPP

Es kann auch eine Person mehreren gegenübersitzen, die alle versuchen, die vorgemachten Bewegungen zu imitieren.

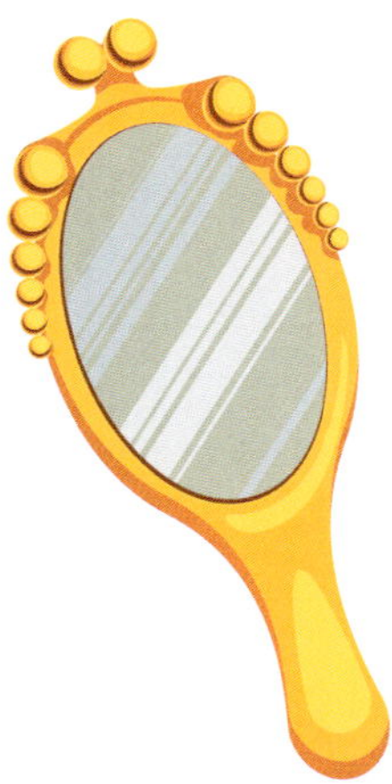

Varianten

- Bilden Sie das Gegenüber und machen Sie wiederholt eingängige Bewegungen vor, um den Spiegeleffekt zu erreichen.
- Geben Sie bestimmte Themengebiete vor, aus denen die Bewegungen stammen sollen, wie z. B. Körperpflege, Hausarbeit, Strandurlaub, Sport, Spieleabend oder Gartenarbeit.

Weiterführende Idee

Bringen Sie zusätzlich Gegenstände zu vorgegebenen Themenbereichen ins Spiel, mit denen Bewegungen gespiegelt werden sollen. Dazu bieten sich z. B. Haartrockner, Kochlöffel und -töpfe, Handtücher, Putzlappen, Teller und Tassen, Blumen sowie Wasserflaschen und Gießkannen und andere Gegenstände des täglichen Lebens an.

Schau genau

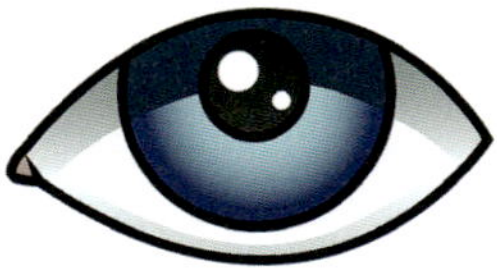

Dieses Spiel lässt sich am besten im kleinen Kreis mit bis zu fünf Personen umsetzen. Hierbei gilt es für die Teilnehmenden, nicht das nachzumachen, was gesagt wird, sondern das, was man sieht. Dazu stellen Sie sich als Spielleitung vor die Gruppe. Sie berühren Ihre linke Schulter, sagen aber: „Ich fasse an mein linkes Bein." Die Teilnehmenden fassen sich demnach auch an die eigene linke Schulter – und berühren nicht ihr linkes Bein.

Beispiele für Bewegungen

- an das linke Bein fassen
- die rechte Schulter berühren
- mit dem linken Zeigefinger an die Nasenspitze tippen
- am rechten Ohr zupfen
- die linke Hand auf den Bauch legen
- eine Hand auf das rechte Knie legen

Variante

- Wer einen Fehler macht, übernimmt die Position der Spielleitung.

TIPP

Manche Teilnehmende brauchen Zeit, um das Gesehene aufzunehmen. Geben Sie bei Bedarf Hilfestellung bei der Umsetzung.

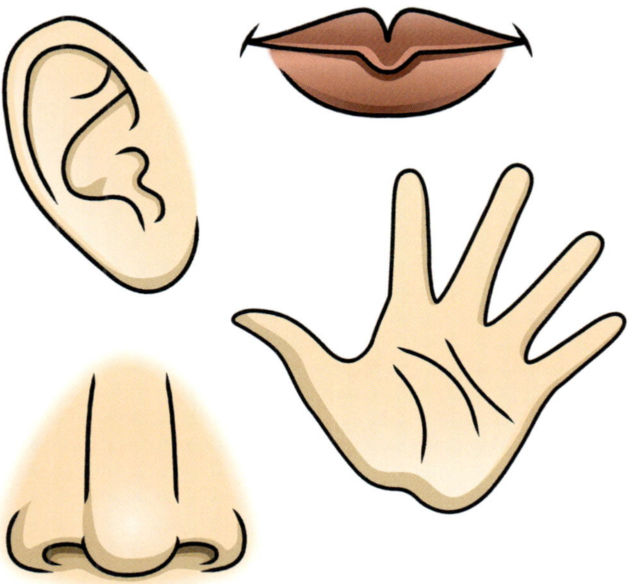

35

Die richtige Zahl zählt

Alle Teilnehmenden bekommen eine einstellige Zahl zugeteilt. Sie als Spielleitung nennen anschließend verschiedene, mehrstellige Zahlen, wie „62“ oder „159“. Alle teilnehmenden Personen, deren einstellige Ziffern darin auftauchen, machen sich durch eine zuvor einheitlich festgelegte Bewegung bemerkbar, indem sie z. B. die Arme hochheben und die Hände hin- und herdrehen.

Varianten

- Schreiben Sie mehrstellige Zahlen deutlich lesbar auf Papier oder Pappe auf. Legen Sie jeder Person die zugeteilten Zahlen als Merkhilfe gut sichtbar vor die Füße.
- Für jede einstellige Zahl wird ein anderes Bewegungselement festgelegt. Es gilt, sich nicht nur die zugeteilte Zahl, sondern auch die dazugehörige Bewegung zu merken. Notieren Sie sich als Spielleitung die zu jeder Zahl ausgedachte Bewegung, um den Überblick zu behalten.

Weiterführende Idee

Noch kniffliger wird das Spiel, wenn Sie zweistellige Zahlen bis einschließlich 20 vergeben. Dann muss eine teilnehmende Person, der z. B. die 19 zugeteilt wurde, bei 1, 9 und 19 aufpassen und sich bewegen, z. B. wenn die Zahlen „410“, „239“ oder „190“ genannt werden.

36

Arme, Hände, Finger

Die Teilnehmenden sitzen im Kreis. Legen Sie für die Zahlen **Eins**, **Zwei** und **Drei** je eine Bewegung fest. Zählen Sie die Teilnehmenden nun reihum von eins bis drei ab. Immer wenn eine der drei Zahlen von Ihnen als Spielleitung genannt wird, führen nur die jeweiligen Personen die entsprechende Bewegung aus.

Beispiele für Bewegungselemente

- Arme neben dem Körper vor- und zurückschwingen
- beide Hände im Handgelenk auf Schulterhöhe hin- und herdrehen
- Hände ausschütteln
- nacheinander Zeigefinger, Mittelfinger, Ringfinger und kleinen Finger der linken Hand an den Daumen bewegen (auch rückwärts, mit der rechten Hand, parallel je 3-mal mit beiden Händen möglich)

- rechte Hand auf dem Oberschenkel ablegen, die Finger nacheinander an die Nasenspitze bringen und die Hand dazwischen immer wieder ablegen (mit der linken Hand wiederholen)

Variante

- Legen Sie noch andere Zahlen fest, die für alle Teilnehmenden gelten, z. B.:
  - **Vier:** einen Platz nach rechts rücken
  - **Fünf:** einen Platz nach links rücken
  - **Sechs:** im Stehen weiterspielen
  - **Sieben:** im Sitzen weiterspielen

Im Garten durch das Jahr

Gehen Sie in der Fantasie mit den Teilnehmenden in einen Garten. Überlegen Sie gemeinsam, was im Garten zu den Jahreszeiten zu tun ist und welche Tätigkeiten für die jeweiligen Arbeitsschritte nötig sind. Machen Sie als Spielleitung entsprechende Bewegungen vor, die die Teilnehmenden nachahmen.

Beispiele für Gartentätigkeiten

mit einem Spaten den Boden umgraben, Unkraut jäten, Äpfel pflücken, Gras zusammenharken, Blumen gießen, Samen säen, Rasen mähen, Erdbeeren pflücken

Variante

- Die Teilnehmenden überlegen sich eigenständig Tätigkeiten aus dem Garten und machen diese vor.

Weiterführende Idee

Denken Sie sich in kleiner Runde eine komplette Geschichte mit Bewegungen zum Thema „Garten" aus und schreiben Sie diese auf. Die Geschichte könnte ein schöner Beitrag für die nächste Heimzeitung sein.

Wörter in Silben

Die Teilnehmenden suchen Wörter zu einzelnen Themenbereichen, wie z. B. „Tiere“, „Vornamen“ oder „Gegenstände aus dem Supermarkt“. Dabei werden die Silben betont, also z. B. E-LE-FANT oder AN-NE-LIE-SE.
Bei der ersten und zweiten Silbe wird dazu geklatscht, ab der dritten und vierten wird abwechselnd mit den Füßen aufgestampft.

Variante

- Das nächste Wort beginnt mit dem Endbuchstaben des vorherigen Wortes, also z. B. TO-MA-TE, ES-SIG, GRÜN-KERN, NU-DEL-SUP-PE.

TIPP

Geben Sie schwächeren Teilnehmenden Hilfestellung beim Klatschen und Erkennen der einzelnen Silben. Die Wörter sollten nicht zu lang sein.

Weiterführende Idee

Kochen Sie sinnbildlich eine Suppe. Jede teilnehmende Person nennt eine Zutat und klatscht und stampft gleichzeitig zu den Silben.
Alternativ können Sie „einen Obstsalat zubereiten", „den Werkzeugkasten aufräumen" oder „einen Urlaubskoffer packen".

Klipp, klapp

Den Wörtern „klipp“ und „klapp“ werden verschiedene Bewegungen zugeordnet. Bei „klipp“ wird 3-mal in die Hände geklatscht. „Klapp“ bedeutet, 3-mal abwechselnd mit den Füßen auf den Boden zu stampfen. Sagen Sie „klipp, klapp“, wird beides gleichzeitig ausgeführt. Erweitern Sie die Ansagen durch zusätzliche Begriffe mit zugeordneten Bewegungselementen.

Beispiele für Erweiterungen

Nehmen Sie z. B. auch „zipp“ und „zapp“ oder „flipp“ und „flapp“ hinzu und kombinieren Sie die Begriffe mit Bewegungen, wie z. B. die Arme nach oben strecken, mit einem Fuß kreisen, auf die Oberschenkel klopfen, beide Beine nach vorn strecken, winken.

Varianten

- Je nach den Ressourcen der Teilnehmenden sind zwei unterschiedliche Begriffe ausreichend.
- Lassen Sie Teilnehmende, die Freude an dem Spiel haben, die Spielleitung übernehmen.

Frühjahrsputz

Der Frühjahrsputz steht an! Gehen Sie mit den Teilnehmenden gedanklich durch die einzelnen Räume eines Hauses, z. B. in den Keller, in die Waschküche, in die Werkstatt, ins Wohnzimmer, ins Schlafzimmer, ins Kinderzimmer, ins Badezimmer, ins Arbeitszimmer und auf den Dachboden. Überlegen Sie sich mit den Teilnehmenden Tätigkeiten, die in den jeweiligen Räumen anfallen, und machen Sie dazu gemeinsam die entsprechenden Bewegungen.

Beispiele

Staub saugen, Boden wischen, Spinnweben wegfegen, Fenster putzen, Teppich in den Garten tragen und ausklopfen, Staub wischen, auf eine Leiter steigen und Gardinen abnehmen, Schuhe abbürsten, Müll rausbringen, Spielzeug in einer Kiste sammeln, Betten auslüften, Werkzeuge einsortieren, Gläser polieren, Akten abheften

Variante

- Die Teilnehmenden überlegen sich ganz allgemein Tätigkeiten, die beim Frühjahrsputz anfallen, und führen diese aus.

41

Wortspielereien

Nennen Sie als Spielleitung ein Wort, mit dessen Endbuchstabe ein neues Wort gebildet werden soll. Werfen Sie einen kleinen Gymnastikball, ein Sandsäckchen oder einen Wasserball einer teilnehmenden Person im Stuhl- oder Stehkreis zu, die das nächste Wort nennt.
So geht es kreuz und quer durch den Kreis.

Beispiel

BALL – LAMPE – EIMER – RASEN – NASE …

Varianten

- Bevor eine Person ein neues Wort nennt, müssen alle vorher schon gesagten Wörter wiederholt werden.
- Alle genannten Wörter dürfen nur aus einer bestimmten Kategorie stammen, wie z. B. „Vornamen“, „Werkzeuge“, „Kleidungsstücke“ oder „Sportgeräte“.

Weiterführende Idee

Lassen Sie die Teilnehmenden einen Satz bilden. Beginnen Sie z. B. mit **MEINE** und werfen Sie den Ball einer anderen Person zu. Diese sagt z. B. **HAARE** und wirft den Ball ebenfalls weiter. Dann folgt evtl. **SIND** und **GRAU**.
Noch schwieriger wird es, wenn hierbei der Endbuchstabe des vorher genannten Wortes als Anfangsbuchstabe für das folgende Wort benutzt werden soll.

© Aleutie | Shutterstock.com

Spaßspiele

42

Von Löffel zu Löffel

Bilden Sie einen offenen Stuhlkreis und geben Sie jeder teilnehmenden Person einen Esslöffel in die Hand. Die Stühle sollten nicht zu weit auseinander stehen, damit Gegenstände, wie z. B. eine Kartoffel, mit den Löffeln zwischen den Teilnehmenden weitergegeben werden können. Dabei sagen Sie als Spielleitung an, ob der jeweilige Gegenstand links- oder rechtsherum die Runde machen soll. Beginnen Sie jeden Durchgang bei einer anderen Person.

Beispiele für Gegenstände

rohe Kartoffel, Walnuss, Tischtennisball, kleiner Softball, Würfel, Wattekugel, große Holzperle, Kastanie, Stein, hart gekochtes Ei

Varianten

- Die Teilnehmenden sitzen um einen Tisch herum, damit alle den jeweiligen Gegenstand leichter aufsammeln können, wenn dieser herunterfällt.
- Nehmen Sie Gegenstände, die schwerer mit einem Esslöffel weiterzugeben sind, wie z. B. ein Luftballon oder eine kleine Holzperle, oder eckige Dinge, wie ein Radiergummi oder eine Streichholzschachtel.

Weiterführende Idee

In zwei Reihen geben die Teilnehmenden, sitzend oder stehend, jeweils acht Gegenstände mit den Löffeln vom Anfang bis zum Ende der Reihe durch und legen diese z. B. in einen Eimer. Die schnellste Gruppe gewinnt.

43

Heute hast du Glück

Lesen Sie den folgenden Text vor und begleiten Sie ihn gemeinsam mit den entsprechenden Bewegungen:

Klatsche laut Applaus, klopf dir auf die Schulter.
Reibe dir den Bauch und auch deine Ohren.
Winke allen zu, sie winken dir zurück.
Freu dich auf den Tag, heute hast du Glück.
Nicke mit dem Kopf, stampfe mit den Füßen.
Rufe laut „Hallo“, dreh die Hand im Kreis.
Winke allen zu, sie winken dir zurück.
Freu dich auf den Tag, heute hast du Glück.

Variante

- Ändern Sie den Satz „Dreh die Hand im Kreis“ in „Drehe dich im Kreis“. Animieren Sie die Teilnehmenden, den Text mitzusprechen.

Weiterführende Idee

Der Text lässt sich auch als Lied singen und mit der Gitarre begleiten:

A   D   E   A
Klatsche laut Applaus, klopf dir auf die Schulter.
A   D   E   A
Reibe dir den Bauch und auch deine Ohren.

Ref.: **D   A**
Winke allen zu,
E   A
sie winken dir zurück.
D   A
Freu dich auf den Tag,
E   A
heute hast du Glück.

Waldspaziergang

Erzählen Sie die folgende Geschichte „Waldspaziergang“, die mit Bewegungen verknüpft ist. Die Teilnehmenden laufen sinnbildlich über verschiedene Böden und stellen pantomimisch unterschiedliche Tätigkeiten dar.

Waldspaziergang

Heute machen wir einen Waldspaziergang. Wir laufen über vom Regen durchweichten Waldboden *(stampfen)* und springen in die dicke Pfütze, die vor uns liegt *(mit beiden Füßen aufstampfen)*. Das Wasser spritzt nur so in die Höhe *(in die Hände klatschen)*! Wir gehen über weichen, mit Moos bedeckten Waldboden weiter *(die Füße ganz vorsichtig aufsetzen)*. Nach kurzer Zeit erreichen wir eine Lichtung und setzen uns in die Sonne *(Arme zufrieden ausbreiten)*. Doch plötzlich ziehen Regenwolken auf und es fängt an, zu regnen *(die Finger zappelnd von oben nach unten bewegen)*. Wir laufen, so schnell wir können, nach Hause *(trippeln)*.

Weiterführende Ideen

- Die Teilnehmenden erzählen die Geschichte weiter und begleiten sie mit Bewegungen.
- Erzählen Sie eine Geschichte, die z. B. in der Stadt oder am Strand spielt, und begleiten Sie diese gemeinsam mit Bewegungen.

45

Gemeinsam fit

Hier werden einzelne gymnastische Elemente in Reimen spielerisch umgesetzt. Animieren Sie die Teilnehmenden zum Mitsprechen und Mitmachen:

Ich schau nach links und rechts
und lächle allen zu,
streck ein Bein nach vorne,
das andere noch dazu.
Dann heb ich meine Arme
und dreh sie hin und her,
streck beide aus zur Seite,
das fällt mir gar nicht schwer.

Beispiele für weitere Reime

Ich schau auf meine Hände,
bewege alle Finger,
zähl eins, zwei, drei, vier, fünf,
ja, so mach ich's immer.
Dann kreise ich die Füße
und wackle mit den Zeh'n,
stell beide Füße ab,
um noch ein Stück zu gehn.

Ich kreise mit den Schultern,
erst vorwärts, dann zurück,
kreis wieder meine Füße
und gehe noch ein Stück.
Dann leg ich meine Hände
direkt auf meine Knie,
das mach ich zur Entspannung,
denn die vergess ich nie.

Weiterführende Idee

Mit Gitarrenbegleitung (C-Dur, G-Dur und D-Dur) lassen sich die Reime auch als Lied singen.

Welches Sprichwort ist das?

Einzelne Mitspielende stellen Sprichwörter pantomimisch dar. Alle raten zusammen, welches Sprichwort gemeint ist. Als Spielleitung können Sie Ideen liefern.

Beispiele für Sprichwörter

- Der frühe Vogel fängt den Wurm.
- Viele Köche verderben den Brei.
- Wer anderen eine Grube gräbt, fällt selbst hinein.
- Ist die Katze aus dem Haus, tanzen die Mäuse auf dem Tisch.
- Perlen vor die Säue werfen.

TIPP

Vielleicht haben Sie auch ein Buch oder Spielkarten mit Sprichwörtern parat.

Variante

- Stellen Sie als Spielleitung Sprichwörter pantomimisch dar und geben notfalls auch verbal Hinweise. Die Teilnehmenden raten zusammen.

Weiterführende Idee

Gruppen mit drei bis vier Teilnehmenden treten gegeneinander an. Innerhalb jeder Kleingruppe stellen die Personen nacheinander Sprichwörter dar, die in einer bestimmten Zeit von der eigenen Gruppe erraten werden müssen. Wer schafft die meisten in der vorgegebenen Zeit?

47

Lustige Sprüche

Die Teilnehmenden sagen den folgenden Spruch auf und begleiten ihn gleichzeitig mit Bewegungen im dazugehörigen Rhythmus:

Mit der Tatze
= 4-mal auf die Oberschenkel klatschen
haut die Katze
= 4-mal aufstampfen
in die Pfütze,
= 4-mal in die Hände klatschen
dass es spritzt.
= 3-mal aufstampfen

Weiterführende Idee

Überlegen Sie zusammen mit den Teilnehmenden weitere lustige Sprüche. Achten Sie dabei auf den Rhythmus.

Beispiel

Auf der Tonne
= 4-mal mit dem linken Fuß aufstampfen
in der Sonne
= 4-mal mit dem rechten Fuß aufstampfen
liegt ein Käse
= 4-mal über dem Kopf klatschen
und der stinkt.
= 3-mal auf Brusthöhe klatschen

Überraschungspaket

Stellen Sie für alle Teilnehmenden pantomimisch und gut sichtbar den Empfang und das Öffnen eines Päckchens dar. Geben Sie vor, zu welchem Ereignis, wie z. B. zu Weihnachten oder einer Geburt, der Inhalt des Päckchens passt.

Die teilnehmenden Personen haben nun die Aufgabe, je einen Gegenstand, der sich in dem Päckchen befinden könnte, pantomimisch darzustellen. Alle anderen raten. Wer die richtige Lösung nennt, stellt den nächsten Begriff dar.

Variante

- Stellen Sie als Spielleitung einen Gegenstand dar und lassen Sie die Teilnehmenden raten.

Weiterführende Idee

Anstelle eines Überraschungspaketes zu Weihnachten oder zur Geburt bieten sich auch andere Behälter an, die Dinge zur pantomimischen Umsetzung enthalten können. Geeignet sind z. B. ein Einkaufskorb oder Einkaufswagen, ein Koffer, eine Sporttasche, ein Kulturbeutel, eine Kiste mit Musikinstrumenten, ein Werkzeugkasten oder eine Schreibtischschublade. Erzählen Sie jeweils ein paar einleitende Sätze, wie z. B.: „Heute gehen wir auf den Wochenmarkt und wollen unseren Einkaufskorb füllen. Alle legen reihum etwas in den Korb ..."

49

Wege sehen, Wege gehen

Bauen Sie einen Parcours! Malen Sie z. B. draußen mit dicken Kreidestrichen gerade und geschlängelte Wege breit auf, sodass Teilnehmende mit und ohne Rollator diese entlanggehen können. Setzen Sie zusätzlich mit Wasserflaschen, Rollen von Küchenpapier o. Ä. Markierungen. Bauen Sie z. B. einen Slalom auf, indem Sie mehrere Wasserflaschen mit ausreichend Abstand hintereinander aufstellen, um die die Teilnehmenden im Zickzack herumlaufen.

Beispiele für die Umsetzung im Haus

Geben Sie Wege mit dickeren Seilen, Klebeband oder bunter Wolle vor. Wasserflaschen oder Küchenrollen lassen sich auch im Haus für Markierungen einsetzen, genauso wie Hocker und Stühle. Stellen Sie Posten auf, an denen es Aufgaben zu lösen gilt, wie gymnastische Übungen an einem Handlauf oder „Wolle aufwickeln".

TIPP

Geben Sie Menschen mit Einschränkungen ausreichend Zeit, um die Wege zu gehen. Legen Sie diese ggf. am Handlauf entlang, sodass sich die Mitspielenden daran festhalten können. Für Teilnehmende im Rollstuhl müssen die Wege entsprechend breiter gestaltet werden.

Variante

- Mitspielende, die gut zu Fuß sind, können Sie mehr fordern. Stoppen Sie die Zeit für das Durchlaufen des Parcours und küren Sie am Ende den*die Sieger*in.

50

Kräftig drücken

Zwei Teilnehmende sitzen sich relativ nah gegenüber. Sie versuchen, gemeinsam einen Luftballon mit angewinkelten Armen auf Brusthöhe festzuhalten, indem sie mit ihren Händen dagegendrücken. Der Ballon soll gehalten werden, während die Teilnehmenden z. B. aufstehen, sich wieder hinsetzen oder ein Stück zusammen gehen.

Beispiele für Bewegungen zu zweit

- den Luftballon nach rechts (links, oben, unten) bewegen
- eine Acht in die Luft malen
- über ein auf dem Boden liegendes Seil steigen
- in leicht gebückter Haltung unter einem aufgehängten Handtuch hindurchgehen
- Kniebeugen machen
- sich voneinander entfernen und wieder aufeinander zugehen

Variante

- Die Teilnehmenden machen allein diverse Bewegungen mit einem Luftballon.

TIPPS

- *Anstelle des Luftballons, der bei zu starkem Druck platzen kann, eignen sich auch ein Wasser- oder kleiner Gymnastikball oder ein Schaumstoffwürfel.*
- *Schwieriger sind zu zweit kleinere Dinge zu halten, wie ein Päckchen Papiertaschentücher, ein Paar Socken oder ein kleiner Softball.*

51

Wolle wickeln

Die Teilnehmenden sitzen paarweise zusammen und wickeln jeweils ein ca. 3 m langes Stück dicke Wolle im Wettbewerb gegen andere Paare möglichst schnell auf und ab. Geben Sie als Spielleitung vor, wie viele Runden auf- und wieder abgewickelt wird. Gewonnen hat das schnellste Pärchen.

Variante

- Leichter ist es, für sich allein zu wickeln und ausreichend Zeit zu haben.
- Zwei Gruppen können gegeneinander antreten. Dabei werden verschiedene Knäuel auf unterschiedliche Art (siehe Tipp) auf- und abgewickelt.

TIPPS

- *Die Wolle muss nicht als Knäuel, sondern kann auch auf andere Art aufgewickelt werden, z. B. auf eine Küchenpapierrolle, um eine Stuhllehne, auf einen Besenstil, von einem Türgriff zum anderen, auf einen Kochlöffel, um die Hände einer anderen Person oder um einen Bügel, den jemand festhält.*
- *Anstelle von Wolle kann auch mit Paketschnur oder Kordel gespielt werden.*

52

Fröhlich geklatscht

Zwei Teilnehmende sitzen sich gegenüber. Beide Personen klatschen im Wechsel einzelne Rhythmuselemente. Diese geben Sie als Spielleitung vor. Viel Freude macht es, wenn sich aus den einzelnen Elementen ein gemeinsamer Rhythmus ergibt.

Beispiele für Rhythmuselemente

- das linke und rechte Bein abwechselnd anheben und darunter klatschen
- abwechselnd hinter dem Rücken und vor der Brust klatschen
- abwechselnd die Arme vor der Brust überkreuzen und gegen die Hände des Gegenübers klatschen
- nacheinander über dem Kopf, neben dem linken Bein, neben dem rechten Bein und vor der Brust klatschen

TIPP

Für kognitiv eingeschränkte Teilnehmende ist es leichter, allein zu klatschen.

53

Welche Gruppe gewinnt?

Zwei gleich große Gruppen bekommen je einen Korb mit verschiedenen Dingen, wie z. B. Kochlöffel, Kissen und Bleistift, entsprechend der Anzahl der Teilnehmenden. Diese nehmen nacheinander alle Gegenstände aus ihrem Korb und laufen damit eine vorgegebene Strecke wieder zurück zum Korb, in dem sie die Gegenstände ablegen. Welche Gruppe schafft es am schnellsten?

Beispiele für Gegenstände

Rolle Toilettenpapier, Hut, Schal, Handschuhe, Sofakissen, Schwimmnudel, Packung Papiertaschentücher, Socken, leere Wasserflasche, Ball

Varianten

- Die Teilnehmenden nehmen nacheinander möglichst viele Gegenstände auf einmal auf und legen diese wieder zurück, ohne sich von der Stelle zu bewegen.
- Die Teilnehmenden ziehen Hut, Schal und Handschuhe an, bevor sie die anderen Gegenstände aufnehmen und die vorgegebene Strecke durchlaufen. Am Ende ziehen sie die Kleidungsstücke entsprechend wieder aus.

54

In die Luft gemalt

Eine mitspielende Person fängt an, denkt sich eine Zahl aus und malt diese in die Luft. Alle anderen raten, um welche Zahl es sich handelt. Wer die richtige Lösung nennt, ist als Nächstes an der Reihe. Geben Sie vor, wie viele Stellen die Zahl haben soll. Die Schwierigkeit liegt bei diesem Spiel in der spiegelverkehrten Ansicht.

Varianten

- Bleiben Sie bei ein- bis zweistelligen Zahlen oder geben Sie als Spielleitung die Zahlen zum Raten vor.
+ Geben Sie eine Kategorie vor, aus der die Zahlen stammen sollen, wie z. B. Jahreszahlen, die Tage eines bestimmten Monats oder eine Zahl zwischen 100 und 200.

Weiterführende Idee

Dieses Spiel lässt sich auch mit Buchstaben bzw. Wörtern umsetzen. Geben Sie ein bestimmtes Thema vor, wie z. B. „Haushalt“, „Waldspaziergang“ oder „Einkauf im Supermarkt“. Malen Sie einzelne Buchstaben in die Luft. Die Teilnehmenden suchen zu den gemalten Anfangsbuchstaben einen zum Thema passenden Begriff.

55

Von einer Hand in die andere

Jede teilnehmende Person bekommt ein Sandsäckchen in die Hand. Je zwei Mitspielende sitzen sich gegenüber und interagieren, indem sie parallel ihr Sandsäckchen auf verschiedene Art hin- und herwerfen.

Beispiele für Interaktionen

- mit beiden Händen wechselweise zuwerfen
- erst mit der linken Hand dann mit der rechten werfen
- auf Brusthöhe werfen und fangen

- mit beiden Händen über dem Kopf werfen und fangen
- mit jeweils einer Hand über dem Kopf werfen und fangen
- mit einer Hand neben dem linken Bein werfen
- mit einer Hand neben dem rechten Bein werfen

Varianten

- Zwei Teilnehmende spielen mit nur einem Sandsäckchen.
- Erweitern Sie die Interaktion auf drei oder vier Teilnehmende, die sich wechselweise die Sandsäckchen zuwerfen.

TIPP

Anstelle der Sandsäckchen lassen sich auch andere, gut greifbare Gegenstände verwenden, wie z. B. Papiertaschentücher-Päckchen, zusammengelegte Socken, kleine Softbälle, zusammengerollte Waschlappen oder aussortierte Verbandpäckchen.

Geragogische Ziele

Nr.	Spiel	Seite	Ziele
1	Namen klatschen	8	Kurzzeitgedächtnis Interaktion
2	Herzlich willkommen	10	Kurzzeitgedächtnis Interaktion
3	Wie heißt das Tier?	12	Fantasie/Kreativität
4	Auf den Tisch getrom-melt	14	Konzentration Koordination
5	Gut zugehört	16	Kurzzeitgedächtnis
6	Servietten-Swing	18	Orientierung Konzentration
7	Alles, was fliegen kann	20	Assoziatives Denken Konzentration
8	Buntes Durcheinander	22	Kurzzeitgedächtnis Wahrnehmung
9	Weitergeben im Kreis	24	Konzentration Interaktion
10	Rhythmus auf dem Tisch	26	Wahrnehmung Koordination
11	Feuer, Wasser, Luft und Erde	28	Konzentration Kurzzeitgedächtnis
12	Luftballon – bleib oben!	30	Konzentration Koordination
13	Ein Sommertag am Meer	34	Interaktion Konzentration
14	Ein Ball macht die Runde	36	Koordination Interaktion

Nr.	Spiel	Seite	Ziele
15	Gut festhalten	38	Interaktion Koordination
16	Die Eimer sind das Ziel	40	Orientierung Koordination
17	Becher werfen	42	Orientierung Konzentration
18	Karten genau platziert	44	Orientierung Koordination
19	Torwandschießen	46	Orientierung
20	Wer hat den Ball?	48	Kurzzeitgedächtnis Interaktion
21	Münzen werfen	50	Koordination Konzentration
22	Erst klatschen, dann fangen	52	Koordination Wahrnehmung
23	Ringe werfen	54	Orientierung Konzentration
24	Der Ball muss durch den Kreis	56	Wahrnehmung Koordination
25	Drunter und drüber	58	Wahrnehmung Konzentration
26	Ballstafette	60	Koordination Interaktion
27	Lust, zu kegeln?	62	Koordination Wahrnehmung
28	Wo fällt der Ball herunter?	64	Konzentration Interaktion
29	Berufe suchen	66	Konzentration Assoziatives Denken

Nr.	Spiel	Seite	Ziele
30	Wörter von A bis Z	68	Assoziatives Denken
31	Bewegte Zahlen	72	Konzentration Kurzzeitgedächtnis
32	Bewegungskünstler	74	Konzentration Wahrnehmung
33	Wie im Spiegel	76	Konzentration Interaktion
34	Schau genau	78	Konzentration
35	Die richtige Zahl zählt	80	Konzentration Kurzzeitgedächtnis
36	Arme, Hände, Finger	82	Konzentration Orientierung
37	Im Garten durch das Jahr	84	Konzentration Wahrnehmung
38	Wörter in Silben	86	Konzentration
39	Klipp, klapp	88	Konzentration Kurzzeitgedächtnis
40	Frühjahrsputz	90	Assoziatives Denken
41	Wortspielereien	92	Kurzzeitgedächtnis Konzentration
42	Von Löffel zu Löffel	96	Koordination Konzentration
43	Heute hast du Glück	98	Kurzzeitgedächtnis Koordination
44	Waldspaziergang	100	Fantasie/Kreativität Kurzzeitgedächtnis
45	Gemeinsam fit	102	Koordination Kurzzeitgedächtnis

Nr.	Spiel	Seite	Ziele
46	Welches Sprichwort ist das?	104	Assoziatives Denken Konzentration
47	Lustige Sprüche	106	Kurzzeitgedächtnis
48	Überraschungspaket	108	Wahrnehmung Fantasie/Kreativität
49	Wege sehen, Wege gehen	110	Konzentration Orientierung
50	Kräftig drücken	112	Interaktion
51	Wolle wickeln	114	Konzentration Interaktion
52	Fröhlich geklatscht	116	Konzentration Interaktion
53	Welche Gruppe gewinnt?	118	Koordination Interaktion
54	In die Luft gemalt	120	Fantasie/Kreativität
55	Von einer Hand in die andere	122	Orientierung Interaktion

Produktempfehlung

Auch in der Reihe „Aktivierung to go“ erhältlich:

55 Biografiespiele
für Senior*innen
ISBN 978-3-8346-4383-4

Ursula Oppolzer
55 Gedächtnisspiele mit
Farben für Senior*innen
ISBN 978-3-8346-4384-1

Gisela Mötzing
55 Ratespiele für Senior*innen
ISBN 978-3-8346-4385-8